CATALOGUE

DE

JOLIS TABLEAUX

DONT QUELQUES-UNS FORT PRÉCIEUX,

Provenant du Cabinet de M. Chev. [alier]

La Vente aura lieu le 2 Mars 1850,

HOTEL DES VENTES MOBILIÈRES,

Salle n° 9,

RUE DES JEUNEURS, N° 42,

Par le ministère de M° BONNEFONS DE LAVIALLE, Commissaire-Priseur à Paris,

RUE DE CHOISEUL, N° 11,

Assisté de M. FERDINAND LANEUVILLE, Expert, rue Caumartin, 44,

---

EXPOSITION PUBLIQUE

Le Vendredi 1er Mars 1850, veille de la Vente.

PARIS

IMPRIMERIE ET LITHOGRAPHIE DE MAULDE ET RENOU,

Rue Bailleul, 9 et 11.

1850

CATALOGUE

DE

JOLIS TABLEAUX

DONT QUELQUES-UNS FORT PRÉCIEUX,

Provenant du Cabinet de M. Chev......

La Vente aura lieu le 2 Mars 1850,

HOTEL DES VENTES MOBILIÈRES,

Salle n° 2,

RUE DES JEUNEURS, N° 42,

Par le ministère de M° BONNEFONS DE LAVIALLE, Commissaire-Priseur à Paris,

RUE DE CHOISEUL, N° 11,

Assisté de M. FERDINAND LANEUVILLE, Expert, rue Caumartin, 44.

EXPOSITION PUBLIQUE

Le Vendredi 1er Mars 1850, veille de la Vente.

PARIS

IMPRIMERIE ET LITHOGRAPHIE DE MAULDE ET RENOU,

Rue Bailleul, 9 et 11.

1850

AVIS.

On suivra pour l'ordre de la vacation, les numéros tels qu'ils sont énoncés au Catalogue.

CONDITIONS DE LA VENTE.

Elle sera faite au comptant.

Les acquéreurs paieront, en sus des adjudications, cinq centimes par franc, applicables aux frais de vente.

DÉSIGNATION

DES TABLEAUX.

VAN DE VELDE (Manière de).

1 — Marine.

DU MÊME (Manière).

2 — Autre marine.

WESEL (Signé).

3 — Etat-major de Louis XIV devant une place
forte.

HOLBEIN (Genre d').

4 — Le Christ déposé de la croix.

VAN DYCK (Attribué à).

5 — Notre Seigneur Jésus-Christ apparaissant aux quatre pénitents ; à savoir : David, saint Pierre, la Madeleine et le bon larron. Tableau gravé dans la galerie de Dusseldorf.

(TOILE. Haut., 32 cent. 1/2 ; larg. 42 cent.)

PORBUS (François).

6 — Portrait de Henri IV.

(CUIVRE. Haut., 24 cent. ; larg., 17 cent.)

NANTEUIL (Robert), 1652.

7 — Portrait de Louis Cramoisy, écuyer.

(MINE DE PLOMB sur peau de vélin.)

BOUCHER (François).

8 — Tête de jeune fille.

(Du cabinet de feu M. Brunet, architecte.)

MIREVELDT (Michel), 1602.

9 — Portrait de Paulus Cruius. Molendinus, anno
ætatis XLV, ministerii XXIIII.

(Cuivre. Haut., 17 cent. 1/2; larg., 12 cent.)

RAVESTEYN (Jean de), anno 1582.
Vente Desfriches.

10 — Portrait d'un savant hollandais. Ætatis suæ,
49.

(Bois. Haut., 19 cent.; larg., 15 cent.)

HOLBEIN (Hans).

11 — Portrait de sa mère.

(Bois. Haut., 23 cent.; larg., 21 cent.)

GUELDRES (ARNOLD DE).

12 — Jeune fille chasseresse.

(Bois. Haut., 45 cent. 1/2; larg., 34 cent.)

TENIERS (Attribué à).

Première vente Lapeyrière.

13 — Paysage et chaumière.

(Bois. Haut., 22 cent.; larg., 31 cent.)

NEEFS (PETER).

14 — Intérieur d'une église d'Anvers. Figures de Van Thulden.

(Cuivre. Haut., 18 cent.; larg., 23 cent 1/2.)

BREUGHEL (JEAN), 1584.

15 — Orphée aux enfers. (Tableau cité par Descamps.)

(Cuivre. Haut., 26 cent.; larg., 35 cent. 1/2.)

OSTADE.

119. 16 — Musico hollandais.

(Bois. Haut.,   cent.; larg.,   cent.)

OSTADE (Isaac).

370 — 17 — Deux paysans et une paysanne à l'extérieur d'une chaumière, contemplent un petit chien.

(Bois. Haut., 17 cent. 1/2; larg., 14 cent.)

GUIDO RENI.

67 18 — L'Extase de l'Enfant-Jésus.

(Toile marouflée sur bois. Haut., 34 cent. 1/2; larg., 28 cent.)

HOBBÉMA (Attribué à la première manière de).

55 — 19 — Paysage. Moulin et chaumière.

(Bois. Haut. 43 cent. 1/2; larg., 51 cent. 1/2.)

BOTH (JEAN).

20 — Paysage. Soleil couchant; cavalier interrogeant un pâtre. (Attribué par quelques uns à Guillaume de Heusch.

(Bois. Haut., 47 cent.; larg., 64 cent. 1/2.)

RUYSDAEL (JACQUES).

Vente Tolosan.

21 — Paysage. Forêt et mare près de laquelle un arbre dépouillé.

(TOILE. Haut., 62 cent. 1/2; larg., 74 cent. 1 2.)

CHAMPAIGNE (PHILIPPE DE).

Vente Laroque.

22 — Portrait d'Arnaud, sous la figure de saint Jacques de Compostelle.

(TOILE. Haut., 62 cent.; larg., 50 cent.)

HOOGE (PIERRE DE).

23 — Officiers et courtisanes. (Intérieur.)

(TOILE. Haut., 69 cent.; larg., 87 cent.)

STEEN (JEAN).

24 — La reine boit, l'enfant tète et le chien lappe.
(Tableau cité par Descamps et Pilkington.)

(TOILE. Haut., 50 cent.; larg., 67 cent.)

TÉNIERS (DAVID), le jeune.

25 — Bataille. Téniers s'est peint sous les traits du cavalier qui porte un coup de crosse de carabine à un autre cavalier.

(BOIS. Haut., 44 cent.; larg., 64 cent.)

TÉNIERS (DAVID), le jeune.

26 — Intérieur de corps de garde; un timbalier mulâtre fait le mouvement de décrocher une arme.

(TOILE. Haut., 38 cent.; larg., 47 cent.)

TÉNIERS (DAVID), le jeune.

27 — Les deux Pélerins.

(BOIS. Haut., 17 cent.; larg., 12 cent. 1/2.)

OSTADE (Adrien Van).

28 — La Leçon de pipe.

(Bois. Haut., 23 cent.; larg., 19 cent.)

BERGHEM (Nicolas). En Italie.

29 — Paysage. Vaches rousse et blanche.

(Bois. Haut., 32 cent.; larg., 23 cent. 1/2.)

MOUCHERON (Frédéric)

30 — Paysage. Figures de Lingelbach.

(Bois. Haut., 33 cent. 1/2; larg., 26 cent. 1/2.)

WYNANTZ (Jean).

31 — Paysage. Intérieur de forêt. Figures de Van
de Velde.

(Bois. Haut., 33 cent.; larg., 28 cent. 1/2.)

VANDER WERFF (Adrien).

32 — La Peseuse d'or ; un page derrière elle tient
une lettre.

(Bois. Haut., 28 cent. 1/2 ; larg., 23 cent.)

HOBBÉMA (Minder).

33 — Intérieur de forêt.

(Bois. Haut., 33 cent. ; larg., 40 cent. 1/2.)

VAN DE VELDE (Guillaume).

34 — Marine. Un bateau à la rame allant héler un
navire au porte-voix.

(Bois. Haut., 15 cent. ; larg., 20 cent.)

DU MÊME.

35 — Marine. Lorsque sa manière se rapprochait de
celle de Backhuysen.

(Bois. Haut., 51 cent. 1/2 ; larg., 41 cent.)

CUYP (Albert).

36 — Cheval blanc, sellé et bridé, à l'écurie.

(Bois. Haut., 33 cent.; larg., 42 cent.)

PIOMBO (Sébastien del).

37 — Sainte Famille. (Collection du comte d'Ange-
villers, qui l'avait payée 2,000 livres.)

(Bois. Haut., 29 cent.; larg., 23 cent.)

GUERCHIN (Giovanni-Francesco-Barbiéri, dit le).

38 — Le Christ en croix : encore vivant, ses yeux
sont dirigés vers le ciel ; la Madeleine est à
ses pieds ; anges et chérubins.

(Toile. Haut., 62 cent.; larg., 54 cent.)

Ce tableau appartenait dès l'origine à la famille du marquis
de R...... Il est resté dans la galerie de leur principale ré-
sidence, située sur une hauteur qui domine la ville de Ber-
game, depuis les premières années du dix-huitième siècle
jusqu'à nos jours, et n'en est sorti que par héritage.

Évaluée 25,000 fr. dans les inventaires de la famille.

(*Note communiquée.*)

PRUDHON.

— 39 — La Vigilance, représentée par une femme as-
sise devant un dévidoir, surmonté d'une
lampe allumée.

**Dessin du cabinet de feu M. Brunet, architecte, qui le te-
nait de Prudhon lui-même, son ami.** *(Communiqué.)*

DOES VANDER (JACQUES).

— 40 — Paysage. Vaches et moutons. (Paysage d'Hac-
kert.)

(TOILE. Haut., 39 cent.; larg., 47 cent.)

BRECKELINCAMP.

— 41 — La Fricasseuse.

(BOIS. Haut., 55 cent.; larg., 41 cent.)

3315   Imp. Manide et Renou, r. Bailleul, 9.